LR 4115

LETTRE

ADRESSÉE

AU CONSEIL MUNICIPAL

DE LA VILLE DE L'ISLE (Vaucluse)

AU SUJET

DU NOUVEL ÉTABLISSEMENT

CONSTRUIT POUR LES ÉCOLES COMMUNALES

DES FRÈRES DES ÉCOLES CHRÉTIENNES.

PAR UN AMI DÉVOUÉ.

LETTRE adressée au Conseil Municipal de la ville de l'Isle (Vaucluse), au sujet du nouvel Établissement construit pour les Écoles communales des Frères des Écoles chrétiennes, par un Ami dévoué. (1)

Messieurs,

Depuis long temps une question se débat parmi nous ; l'avenir des familles s'y rattache et ceux qui l'ont soulevée, sans doute par mégarde, sembleraient s'obstiner à demander une solution que repousseraient à la fois la *morale*, la *justice* et l'*honneur*.

Nous qui, après bien d'autres, sans doute, avons aperçu ces dangers, pouvions-nous demeurer impassible?

Non, Messieurs, cette indifférence nous eût paru une ingratitude, une trahison.

Aussi nous a-t-il été impossible de retenir notre cœur.

Nous avons donc pris la parole, trop heureux si les raisons les plus sérieuses peuvent arrêter une détermination qui serait, après tout, une tache, et si notre bonne volonté et notre élan peuvent découvrir à nos amis, l'étendue et la force de l'affection qui nous attache à eux.

I

Nous voulons vous parler de la maison que l'ancienne administration municipale, sous la présidence de feu M. Courtet, de regrettable mémoire, avait fait construire pour servir aux Frères des écoles chrétiennes.

Vous ne l'ignorez pas cette maison était sur le point d'être

---

(1) Comme les raisons et les sentiments exprimés dans notre lettre ne nous sont pas simplement personnels, nous n'avons pas cru devoir nous signer. Nous aurions craint de nous approprier un bien qui est du domaine public. Cependant si l'on réclamait, dans un prochain écrit nous nous ferions un bonheur de déchirer le voile transparent qui nous couvre.

achevée. Après bien des retards on allait enfin la livrer aux maîtres et aux élèves pour lesquels on l'avait bâtie, lorsque, je ne sais par quel malheureux génie, les travaux furent tout à coup suspendus et les Frères arrêtés devant cette nouvelle terre promise où la population était si justement impatiente de les voir entrer.

Quelles furent les causes d'une résolution si subite et si étrange? Certes, vous les connaissez mieux que nous et plus que nous, peut-être, vous en avez gémi.

C'était, disait-on, *pour réunir dans un même local l'École des Frères et l'École des Sœurs, parce que les nouvelles constructions étaient trop vastes pour les seules classes des Frères!...*

Ce projet est-il admissible?

C'est ce que nous venons soumettre à votre judicieux examen.

Mais non, car déjà depuis long temps vous l'avez jugé. Déjà le premier membre du Conseil a protesté avec une énergie et une liberté qui l'honore et qui lui donne un nouveau droit aux sympathies de ses concitoyens.

Obéissant à l'impulsion généreuse de son cœur, il a voulu se faire l'avocat du droit, de la faiblesse et de la vertu. Vous l'avez admiré, mieux encore, vous vous êtes promis, quand viendrait le moment, de marcher sur de si nobles traces, et voilà pourquoi nous avons voulu vous communiquer nos réflexions, persuadé qu'elles pourraient vous venir en aide lorsque se présenterait pour vous l'occasion de parler ou d'agir.

Croyez-moi, Messieurs, votre dignité personnelle et celle du pays vous demandent de ne point trop laisser languir une affaire si délicate: il est des mesures qui ne sont grandes et estimables que par leur promptitude et leur spontanéité.

II

Voudriez-vous que l'on pût mettre en doute plus tard votre intelligence de magistrats et votre honorabilité de citoyens?

Non, sans doute, et rien n'est plus juste que de tenir à sa réputation lorsqu'on l'a conservée intacte comme la vôtre.

Cependant, ne l'oubliez pas, dans une affaire qui peut avoir de si fâcheuses conséquences, votre approbation ou même votre silence, jetterait nécessairement le plus triste nuage sur votre nom.

De deux choses l'une, en effet, dirait-on : ou bien, ils n'ont pas aperçu, dans cette grave question, les graves intérêts qui étaient en jeu ; alors ils ont manqué de vue. Ou bien ils voulaient sciemment exposer la vertu du jeune âge, alors ils étaient pervers.

Réunir les garçons et les filles dans une maison comme la vôtre ! Mais c'est là une proposition qui surprend, qui stupéfie !... Avant toute réflexion, je ne dis pas la religion, mais le simple bon sens se récrie, s'étonne, s'indigne à cette pensée.

Aussi, je le dis sans crainte : tout homme, quelque opinion religieuse qu'il embrasse, quelque degré d'instruction qu'il possède, pourvu qu'il ait gardé dans son esprit tant soit peu de rectitude, dans son cœur quelques vestiges d'honnêteté, pourvu qu'il ne soit pas tombé dans un dégradant cynisme, en un mot, oui le dernier des hommes repousserait ce plan avec le plus invincible dégoût.

Regardez ce que l'on fait dans les Séminaires, dans les Pensionnats, dans tous les Lycées du monde pour conserver la plus délicate des fleurs. De combien de soins n'entoure-t-on pas ces âmes si impressionnables ! On va même jusqu'à séparer les petits élèves des grands, pour sauvegarder l'innocence des uns et des autres.

Qu'est-ce que l'on se propose au contraire, pour notre intéressante jeunesse ? Répondez, respectables pères de famille :

. . . .

et vous hésiteriez un instant ? Et vous ne vous hâteriez pas de protester contre des tendances si désastreuses ?

Certes, ceux qui vous croiraient capables d'une telle méchanceté ou d'une pareille incurie se méprendraient étrangement sur vos sentiments ou sur votre caractère.

Vous vous opposerez donc de toute votre énergie à l'accomplissement de ce dessein.

Pour s'obstiner à le soutenir, ne faudrait-il pas avoir *bien peu de délicatesse en fait de morale ?*

III

Auriez vous oublié, d'ailleurs, comment a été construit l'établissement en question et sur quelles ruines on a élevé ses murailles ?

La ville voulait faire des classes pour ses écoles gratuites, mais elle reculait devant l'achat d'un local. Une bienfaitrice alors se présente sous le voile de l'anonyme. Elle était déjà connue et son nom en bénédiction dans les familles. Gagnée par les sollicitations du plus zélé des pasteurs, elle s'offrait riche de biens et de charité, pour aider sa cité de prédilection dans son importante entreprise.

Heureuses les populations auxquelles Dieu donne une telle providence !

Mais non, il ne nous appartient plus de nous féliciter ; peut-être cette source précieuse est-elle à jamais tarie par le plus ingrat oubli des convenances ! (1)

Ce qui est bien certain, c'est que d'abord une première maison fut achetée 10,000 fr. Elle est donnée pour les frères.

La ville accepte le don et les conditions ; et les maçons se mettent à l'œuvre. (2)

Bientôt pourtant le local est trouvé trop étroit. On achète alors une maison nouvelle 5,000 fr. Puis une autre, 5,000 fr. afin que l'Établissement soit moins disproportionné à la population.

Qui fait encore ces deux dernières libéralités ?

---

(1) Sous les inspirations patriotiques et intelligentes de feu M. Bonnet, ancien maire, Mesdemoiselles de Guilhem Clermont-Lodève, avaient doté la ville d'une Salle d'Asile. Elles avaient fondé aux Hospices plusieurs lits d'incurables. Elles avaient fait au Bureau de Bienfaisance plusieurs fondations et legs, etc. etc. N'est-ce pas à craindre qu'elles repoussent à l'avenir leur ingrate protégée ?

   La vertu ne soudoie pas le vice....
   Quelles inqualifiables gaucheries !....

(2) Voici l'extrait des actes municipaux concernant cette donation :
Cette somme serait employée à l'achat d'une maison d'école pour y établir les Frères des Écoles chrétiennes. — Que si cette maison venait à changer de destination, les libéralités de ces pieuses demoiselles, seraient toujours consacrées à un établissement fourni par la Commune et dirigé par les Frères des Écoles chrétiennes. — Que si un jour la Commune renonçait à un tel Établissement, la somme provenant de la libéralité ci-dessus énoncée devrait être remise à M. le Curé pour être employée par lui à un Établissement utile à la classe pauvre de cette ville ou en œuvres de charité. (7 Février 1856).

Toujours les mêmes bienfaitrices.

A quelles conditions?

— A la condition d'abord que la nouvelle habitation sera exclusivement pour les Frères.

Et la ville?

La ville accepte ce nouveau présent avec les mêmes promesses. (1)

Vous vous en souvenez, Messieurs, car vous étiez, pour la plupart, membres de l'ancien Conseil.

Or, je vous le demande, est-ce que les promesses d'une ville ne sont rien? Mépriseriez-vous vous-mêmes votre signature? Et, vous qui n'auriez pas signé, est-ce que vous ne respecteriez pas la signature des autres?

Nous le savons, les tribunaux feraient justice à qui de droit, et flétriraient des tentatives que l'on accuserait presque de mauvaise foi et d'iniquité.

Mais il doit répugner, ce semble, d'attaquer une ville.

Comme les particuliers, elle a, elle aussi, une réputation à garder.

Or ne serait-ce pas une infamie pour elle que de rendre nécessaire un tel procès?

Oui, celui qui chercherait à le provoquer serait *bien peu délicat en fait de justice.*

IV

Votre nouvelle construction, enfin, est-elle si splendide, si impériale qu'elle exige absolument une réforme? Un édifice public ne doit-il pas avoir une certaine ampleur? Vos classes, enfin, dépassant les limites du convenable, arrivent-elles donc jusqu'au luxe et au grandiose?

Mais il est bien des villes, dans le département, moins populeuses, qui, cependant, ont cru devoir ériger pour leurs Frères, des écoles plus vastes et plus monumentales que les vôtres.

Informez-vous, Messieurs, et vous en trouverez encore un certain nombre. L'établissement de Vaison, par exemple, est

---

(1) Délibérations du Conseil { 11 juillet 1857.
4 février 1858.

mieux que le vôtre ; ceux de Sorgues et d'Entraigues sont mieux que le vôtre, et personne ne s'en vante.

Au Thor on nous enviait depuis longtemps les religieux qui se dévouent à l'éducation de notre jeunesse. Grâce à d'infatigables démarches, cette heureuse population a pu voir arriver les précieux instituteurs qu'elle ambitionnait. On vient de les installer ces jours-ci. Leurs classes et leur habitation seront des plus charmantes. Fait-on du bruit pour cela? En est-on vexé?

Oh! que diraient vos amis ou peut-être vos rivaux, que diraient-ils de leur ville cantonnale, s'ils pouvaient soupçonner qu'on y soulève de pareilles objections? Ne riraient-ils pas aux éclats de leurs candides voisins? N'inscriraient-ils pas ce fait sur leurs tablettes pour servir d'amusement aux futures générations.

Sans doute, Messieurs, nous ne voulons rien exagérer ; le local sera suffisant pour la ville. Ce ne sera pas un monument, il n'y aura pas de quoi nous rendre fiers, mais nous pourrons le montrer sans rougir. Voilà la vérité.

S'étonner, au contraire, s'inquiéter, s'épouvanter de sa grandeur, voilà du ridicule! Le redire partout, encore plus ridicule! en faire une difficulté, voilà le comble du ridicule!...

Or, ne l'oubliez pas, Messieurs, le ridicule fait à l'honneur une plaie incurable.

De grâce! étouffez donc ces clameurs! Que personne du dehors n'entende des naïvetés si compromettantes! Et surtout, devant le public, par votre attitude et par vos protestations, mettez-vous à l'abri de toute solidarité, peut-être vous accuserait-on d'être *peu délicat en fait d'amour-propre.*

V

Mais en voilà assez, Messieurs, pour vous rappeler ce que la ville attend de vous. (1)

Oui, elle vous demande que l'enfance soit respectée, que les

(1) Nous avons cru inutile de pousser plus loin notre argumentation.
Elle nous paraît suffisante pour éclairer ceux qui veulent voir.
Si pourtant il restait encore des nuages, et qu'on pût en avoir besoin, nous nous ferions un devoir de reprendre la plume et d'exposer des raisons plus lumineuses et plus incisives.

promesses soient gardées, que son nom soit honoré. Elle vous demande des lumières pour ceux qu'il faut éclairer, du caractère contre ceux qu'il faut retenir, de la bienveillance envers ceux qu'il faut encourager.

Seriez-vous sourds à cette tendre voix ?

Non cela ne se peut point : votre cœur est trop bien fait pour que vous puissiez résister à une prière si légitime.

Vous vous montrerez donc désormais, comme par le passé, dignes de vous et de votre pays. Vous remplirez votre mission avec courage et franchise, et vous serez toujours les défenseurs incorruptibles de la *morale*, de la *justice* et de l'*honneur*.

Sans doute, jusqu'à présent vous n'aviez rien dit pour la plupart. Et cela se comprend ; il est des conceptions qui devraient, ce semble, tomber d'elles mêmes.

Mais puisque en dépit de toute raison et de toute équité, on paraît s'obstiner à poursuivre de malheureuses rêveries, il le faut, levez la voix d'un commun accord.

Que rien au monde ne vous arrête. Et, certes ! auriez-vous peur ? Y aurait-il dans le pays des hommes à craindre ? Le danger, d'ailleurs, pourrait-il vous faire abandonner le devoir ?

Évidemment non. Arrêtez donc, arrêtez amicalement des démarches que l'on sera fâché plus tard d'avoir fait avec tant d'éclat et de tenacité.

S'il faut pour cela heurter des susceptibilités injustes, heurtez-les sans hésitation. Et, soyez en sûr, tout en remplissant votre mandat, tout en augmentant vos droits à l'estime publique, vous rendrez encore le plus grand service à ceux que vous froisserez.

Le moment viendra, en effet, où le soleil de la vérité brillera sur toutes les intelligences. Les nuages des passions seront dissipés et la gloire restera à la justice.

Quant au projet qui nous inquiète, à jamais flétri par son propre triomphe, si malheureusement il triomphait, il tomberait alors et serait enseveli sous les coups de la réprobation générale, mais un ver le rongerait : *La honte*.

L'Isle, 20 octobre 1860.

Avignon, Typ. de Fr. Seguin aîné.

59

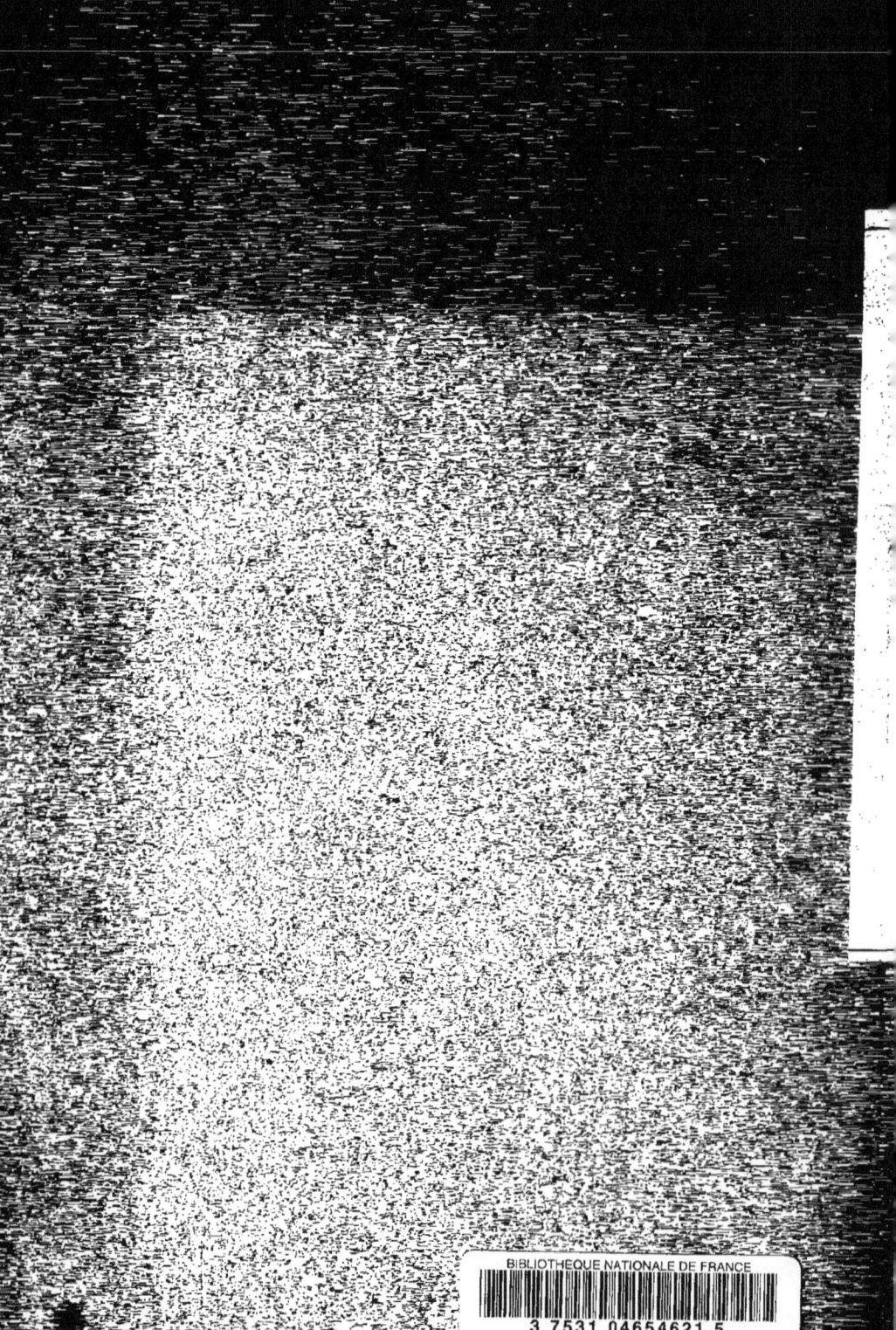

www.ingramcontent.com/pod-product-compliance
Lightning Source LLC
Chambersburg PA
CBHW061611040426
42450CB00010B/2423